AF359963

HISTOIRE POPULAIRE

RÉVOLUTION FRANÇAISE

DE 1789 A 1845.

DEUXIÈME ÉDITION.

VI

Imprimerie de P. Baudouin, rue des Boucheries-Saint-Germain, 35

HISTOIRE POPULAIRE

DE LA

RÉVOLUTION

FRANÇAISE,

DE 1789 A 1830,

PRÉCÉDÉE

D'UN PRÉCIS DE L'HISTOIRE DES FRANÇAIS

DEPUIS LEUR ORIGINE.

2me ÉDITION

continuée jusqu'en 1845,

DÉDIÉE

AU PEUPLE,

Par M. CABET,

EX-DÉPUTÉ, EX-PROCUREUR-GÉNÉRAL.

—

TOME VI.

PARIS

AU BUREAU DU POPULAIRE,

Rue J.-J. Rousseau, 14.

—

1845.

HISTOIRE

EN PORTRAITS ET TABLEAUX

AVEC DES NOTICES

BIOGRAPHIQUES ET HISTORIQUES.

OBSERVATIONS.

Les *Portraits* et les *Tableaux* parlent aux yeux, aident l'intelligence et facilitent la mémoire.

Bien choisis pour le sujet, bien composés, bien exécutés, ils peuvent être très-utiles, surtout dans une Histoire.

Leur seul inconvénient, c'est que le dessin, la gravure, le papier et l'impression occasionnent une grande dépense et augmentent beaucoup le prix de l'ouvrage.

Pour éviter cet inconvénient, surtout dans une édition consacrée au Peuple, nous avions, d'accord avec la Société d'Ouvriers établie pour publier cette édition, annoncé qu'il n'y aurait pas de gravures.

Mais, de tous côtés, on nous en a si généralement demandé, que nous n'avons pu résister à ce vœu de la grande majorité.

Pour donner à ces gravures toute leur utilité, nous avons consulté celles de toutes les Histoires déjà publiées, en écartant toutes celles qui nous ont paru mauvaises ; nous avons choisi les personnages et les événements les plus intéressants qui présentent le plus de leçons utiles.

Aux *Portraits* nous avons joint des *Notices biographiques*, qui feront connaître la position sociale de chaque personnage, sa vie, son caractère, avec une appréciation consciencieuse et franche de ses actes politiques. Nous verrons ainsi figurer *Louis XVI, le Duc d'Orléans, Mirabeau, Lafayette, Robespierre, Camille Desmoulins, Danton, Marat, Saint-Just , Babeuf , Napoléon , Manuel , Dupont de l'Eure*, etc., etc.

Aux *Tableaux*, nous avons joint des *Notices historiques* qui caractériseront les principaux événements de la Révolution, et présenteront sur eux les réflexions les plus instructives. Nous verrons ainsi figurer l'*Émeute Réveillon*, le *Serment du Jeu de Paume*, la *Prise de la Bastille*, l'*Arrestation du ministre Foulon*, etc., etc.

Ces gravures et ces notices comprendront la quintessence, si l'on peut s'exprimer ainsi, de l'Histoire de la Révolution.

Elles formeront un sixième volume séparé , afin que les possesseurs de la première édition puissent l'acquérir.

Chacun même pourra l'acquérir séparément ; car nous espérons que ce sixième volume sera l'un des ouvrages les plus instructifs et les plus utiles.

Ces notices et la surveillance des gravures auront augmenté beaucoup notre travail ; mais leur évidente utilité ne nous a permis aucune hésitation.

Pour compléter les notices, on pourra relire les passages correspondans dans l'Histoire, en consultant la *table analytique et alphabétique* à la fin du cinquième volume

RÉVOLUTION FRANÇAISE.

Fille du Christianisme et de la Philosophie, la *Révolution française* prend pour mission de délivrer le Genre humain du monstre de l'INDIVIDUALISME, et de substituer aux ténèbres, aux orages, aux malheurs du Passé, les lumières et les bienfaits de la *Fraternité*, mère de la *Liberté*, de l'*Égalité* et de l'*Unité*. Elle désire pouvoir faire accepter ses réformes pacifiques ; et si d'injustes agressions rendent la guerre inévitable, ce ne sera pour elle qu'un accident et un moyen de défense ; mais, remplie de dévouement pour l'Humanité, d'enthousiasme et de courage, elle se résigne à tous les travaux, à toutes les fatigues, à tous les dangers, à tous les sacrifices, pour amener le bonheur sur la Terre en indiquant aux Peuples la Fraternité comme leur étoile polaire, comme le but et le salut de l'Avenir.

Pour mieux développer cette idée, nous allons jeter un rapide coup d'œil sur la Révolution, et même sur la marche et les progrès de l'Humanité.

Il paraît certain que, partout, à la naissance des Peuplades, des Peuples et des Nations, l'Égalité régnait : c'était la Démocratie, sans privilége.

Vinrent ensuite l'usurpation ou la conquête, l'Aristocratie et la Monarchie.

Quand Moïse sortit d'Égypte avec les Hébreux pour les constituer en Nation, il y a environ 4,000 ans, tout le Monde civilisé (et c'était alors seulement l'Orient) avait les *castes* ou l'inégalité, l'esclavage, les priviléges, l'Aristocratie et la Monarchie.

Instruit dans toutes les sciences (religieuse et philosophique, politique et sociale) des Égyptiens, et par conséquent de tous les Peuples alors civilisés, Moïse proclame la *fraternité* des hommes, l'Égalité sociale et politique, même la presque égalité des fortunes, la liberté, la Démocratie, la République.

Quelques siècles après, sortent d'Égypte et de Phénicie des colonies qui vont peupler la Grèce, l'Italie, les côtes de la Gaule, de l'Espagne et de l'Afrique, établissant presque partout la République; et, quelques siècles avant Jésus-Christ, on peut compter plus de 250 constitutions Républicaines, dont quelques-unes admettent l'égalité de fortune et la communauté des biens.

Mais l'Aristocratie romaine parvient à détruire la Démocratie, à substituer l'Empire à la République, à tout conquérir, à tout subjuguer, à remplacer partout la forme Républicaine par la Monarchie impériale et despotique.

Alors règnent partout la domination et le privilége, l'esclavage et l'inégalité, le Paganisme et la Superstition.

Mais alors apparaît *Jésus-Christ* qui proclame de nouveau la **FRATERNITÉ**, et comme conséquence l'*Égalité* sans privilége, la *Liberté* sans esclavage ni domination, l'*Unité* ou l'Association, et la *Communauté* de biens. — Quelle Réforme! quelle Révolution! quelle entreprise!

Alors commence la plus vaste propagande; et, pendant trois siècles, les chrétiens, croissant continuellement en nombre, proclament partout la Fraternité, et s'associent pour travailler et vivre en communauté.

Après d'innombrables obstacles qui paraissaient invincibles, après trois cents ans de persécutions et de lutte héroïque, le Christianisme remplace enfin le Paganisme, et des milliers de Communautés chrétiennes vont s'établir dans tout l'Empire romain, c'est-à-dire dans tout le Monde civilisé.

Mais, d'une part, l'Aristocratie romaine est encore assez puissante pour altérer et détourner le Christianisme, pour le dénaturer et le fausser, pour maintenir dans l'organisation sociale et politique le principe de l'égoïsme et de l'individualisme.

D'autre part, l'invasion des BARBARES, aux Ve et VIe siècles après Jésus-Christ, vient tout détruire ou tout bouleverser dans tout l'Empire romain, en Orient comme en Occident, au Nord comme au Midi, en Grèce comme en Égypte, en Gaule et en Espagne comme en Italie. C'est de nouveau le règne de la force et de la conquête.

Alors commence le *Moyen-Age* qui va durer neuf ou dix siècles, jusqu'à la *Réforme*. C'est la *Féodalité*, le *servage* ou l'*esclavage;* c'est l'Aristocratie et la Monarchie féodales; la Royauté de *droit divin;* c'est un Christianisme corrompu et dénaturé; c'est l'ignorance, la superstition, la crédulité la plus stupide.

Cependant, vers le XIe siècle, les serfs des Villes commencent à s'affranchir, et les *Communes* (ou Communautés civiles) se constituent. Les serfs des campagnes suivront leur exemple, et tous les Villages comme toutes les Villes deviendront des Communes. La *Bourgeoisie* forme un troisième ordre sous le nom de *Tiers-État*.

La République se rétablit en Italie, en Suisse, en Belgique, tandis que les Assemblées nationales et représentatives s'organisent et que le *Tiers-État* y envoie ses députés ou ses représentants avec ceux de la Noblesse et du Clergé.

Les États-Généraux et les Bourgeois de Paris s'insurgent plusieurs fois pour réaliser la Souveraineté nationale.

Puis, au XVIe siècle, la *Réforme religieuse,* déjà souvent

tentée, ouvre l'examen et la discussion sur tout, s'efforce de
ramener le Christianisme à sa pureté primitive, et répand
de nouveau les idées de Fraternité, de Démocratie, de
République, et même de Communauté.

Dès cette époque, et même avant, il y a trois ou quatre
cents ans, la *Philosophie*, aidée par la découverte de l'*imprimerie*, éclairée par les ouvrages des Grecs et des Ro-
mains, discute toutes les questions, signale tous les abus,
indique toutes les réformes sociales et politiques, et proclame aussi la Fraternité, l'Égalité, la Liberté, et même la
Communauté.

L'Angleterre a deux grandes révolutions dans l'une des-
quelles elle condamne son Roi Charles Ier, et établit la République, tandis que dans l'autre elle remplace la Royauté de
droit divin par la Royauté constitutionnelle représentative.

La Hollande se constitue aussi en République.

Les 13 colonies anglaises en Amérique se déclarent in-
dépendantes, se constituent en 13 grandes Républiques,
forment ensemble une immense République confédérée,
et proclament la Démocratie.

Mais c'est la France qui va faire la Révolution la plus
radicale, tellement radicale qu'on la croyait impossible.

Ce sont la Réforme religieuse et par conséquent le Christianisme, la Philosophie du XVIIIe siècle, surtout les écrits
de Rousseau, de Voltaire, de Montesquieu, des Écono-
mistes et des Encyclopédistes, qui l'ont préparée.

Elle est faite intellectuellement et moralement dans les
esprits quand elle s'opère matériellement dans les faits.

Ce sont les abus et les vices sociaux qui la déterminent,
les excès du despotisme, de la Cour, de l'Aristocratie, de
la haute noblesse et du haut clergé.

C'est la résistance des Parlements à l'arbitraire ministé-
riel et des notables, aux demandes d'impôts extraordinaires

pour combler le *déficit* creusé par les dilapidations de la Cour, qui précipite cette Révolution.

C'est un Prince du sang, le Duc d'Orléans, qui la facilite avec son immense fortune et son immense influence, entraînant avec lui une partie de la Cour, une partie de l'état major de l'armée, et la partie la plus éclairée de la Bourgeoisie.

Et cette Révolution ébranlera le monde, bien autrement que les révolutions anglaise et américaine, parce que de toutes les nations la France est celle qui exerce le plus d'influence sur les autres, par sa position et son caractère, par sa langue et ses écrivains, par ses sciences et ses arts, même par ses modes et ses plaisirs, parce que, de toutes les villes, Paris est celle qui peut avec plus de raison être appelée la capitale du monde civilisé.

Et cette révolution, guidée par le Christianisme et par la Philosophie, va de nouveau proclamer en face de l'humanité tout entière, la *Fraternité* des hommes et des Peuples, avec ses conséquences nécessaires, l'Égalité, la Liberté, l'Unité.

Elle est sociale et politique.

Elle parle par la bouche d'une grande assemblée représentant la Nation, composée de 1,200 députés élus par la Noblesse, par le Clergé, par le Tiers-État ou le Peuple, guidés par les *cahiers* contenant les plaintes et les vœux de *cinq à six millions d'Électeurs.*

Quand l'*Opinion publique* (qu'on appelle avec raison la *Reine du Monde*) est grande et forte, elle accomplit en quelques jours des métamorphoses qu'on croyait ne pouvoir être que l'œuvre de plusieurs siècles. En une seule nuit, la Révolution abolit la Féodalité et tous les droits féodaux, la Noblesse et tous les priviléges. Elle restitue aux Communes les biens qui leur ont été enlevés par les Seigneurs abusant de la Puissance féodale. — Elle modifie profondément le droit de propriété par la suppression de la dîme et des impôts féodaux, par l'abolition des majorats, des substitutions et des droits d'aînesse , par le partage égal des biens paternels entre tous les enfants.

Elle proclame solennellement les droits de l'homme et du citoyen , l'existence d'une *société* ou d'une *association* entre tous les Français, la souveraineté du Peuple ou de la Société, l'intérêt général ou le bonheur commun comme but de cette association. — Elle déclare devoirs de la Société : l'éducation publique et gratuite pour tous les enfants, la garantie d'un travail et d'un salaire suffisant pour tous les citoyens valides, l'assurance d'un secours honorable et fraternel pour les infirmes. — Elle veut enfin détruire la *misère,* et baser le bonheur de tous sur le travail, l'aisance et la vertu.

Et si l'égoïsme et l'individualisme n'opposaient pas une injuste résistance, la Révolution accomplirait pacifiquement toutes les réformes (comme le désire et le dit un des révolutionnaires les plus ardents) sans qu'il en coutât ni sang à la Nation ni larmes à l'Humanité.

Malheureusement, la Cour ou la haute Aristocratie nobiliaire et sacerdotale (une petite minorité) veut paralyser la volonté de la Nation, en employant tous les moyens, la ruse, la perfidie, la corruption, la trahison, la violence, la conspiration, la guerre civile et la guerre étrangère.— A cette minorité la responsabilité des conséquences !

Alors, de pacifique qu'elle voulait être, la Révolution, attaquée, menacée, mise en péril, devient violente et terrible, et accepte bravement la guerre intérieure et extérieure dans l'intérêt de son salut et dans l'intérêt de l'Humanité.

Les soldats, qui fusillent d'abord le Peuple, finissent par se joindre au Peuple.

Le Peuple, qui d'abord est toujours battu, finit par être vainqueur.

La Bastille est prise, puis les Tuileries.

Le Monarque, d'abord despote absolu, est arrêté dans sa fuite, forcé dans son palais, jugé par la Convention nationale, condamné et exécuté.

Les Prêtres contre-révolutionnaires, les Nobles émigrés, sont réduits à l'impuissance de nuire ; leurs biens sont consacrés à payer les frais d'une guerre provoquée par eux ; et pendant près de 25 ans la Coalition de tous les Rois et de toutes les aristocraties est battue.

Malheureusement encore, la *division* vient paralyser le Parti révolutionnaire. —La Bourgeoisie, voulant exploiter la Révolution, divise le Peuple en citoyens *actifs* et citoyens *passifs ;* les *Girondins* et les *Montagnards* se font une guerre acharnée. — Les Montagnards se divisent eux-mêmes : Les *Dantonistes* veulent arrêter prématurément la Révolution, tandis que les *Hébertistes* la compromettent en la poussant à l'exagération et aux excès.

Robespierre, calomnié comme tous les amis du Peuple qui succombent, prenait pour guide cette maxime : « Toute révolution qui n'a pas pour but d'améliorer profondément le sort du Peuple n'est qu'un crime remplaçant un autre crime », et Saint-Just disait avec lui : « Ne souffrez pas qu'il y ait un seul malheureux, un seul pauvre dans l'État : ce n'est qu'à ce prix que vous aurez fait une véritable Révolution, une véritable République. »

Aussi, en immolant ces deux hommes et leurs amis, le 9 thermidor arrête le progrès social et populaire.

Les folles émeutes de germinal et de prairial, quand le Peuple n'a plus de chefs capables et quand l'anarchie le désorganise, amènent son désarmement.

C'est en vain que *Babeuf* essaie de nouveau d'employer la

force pour relever la cause populaire, et même pour établir la Communauté des biens (qui n'est pas encore connue); sa conspiration, trahie par l'infâme Grisel et la funeste émeute du camp de Grenelle, ne font que disposer les peureux et les lâches à se jeter dans les bras du premier ambitieux qui voudra se rendre usurpateur.

Le 18 Brumaire est le triomphe de l'usurpation sur la souveraineté nationale.

Quel malheur que Bonaparte ne consacrât pas son génie à défendre la Révolution.

Mais le Consulat et l'Empire sont le rétablissement de l'Aristocratie, de l'égoïsme de l'individualisme et de la corruption.

La Restauration ne fait que les continuer en les développant.

Quel malheur aussi que l'héroïque dévouement du Peuple en juillet et son admirable désintéressement aient été si indignement méconnus !

Quel malheur encore que l'indignation ait poussé le Peuple, depuis 1830, dans des sociétés secrètes conspiratrices, dans des conspirations et des émeutes, qui nous ont amené un cercle de bastilles !

Mais l'égoïsme ou l'individualisme qui sert de base à l'organisation sociale fait, plus que jamais, sentir partout ses funestes effets ; et partout les Peuples, cherchant leur salut dans l'irrésistible puissance de l'opinion publique, invoquent de nouveau, comme le Christianisme, comme la Philosophie, comme la Révolution, le principe fécond de la *Fraternité* des hommes et des Peuples.

TURGOT.

Le baron Turgot, né en 1727, ministre de Louis XVI en 1774, mort en 1781, est un des Philosophes du XVIIIe siècle et l'un des hommes d'État dont le nom mérite le mieux d'être conservé avec reconnaissance et vénération.

Il fut l'un des écrivains les plus actifs et les plus célèbres de la secte des *Économistes* ou des *Socialistes*.

Il croyait que l'espèce humaine est essentiellement et indéfiniment *perfectible*, même pour les facultés *intellectuelles et morales*, et regardait cette perfectibilité indéfinie comme une des qualités qui distinguent l'homme de tous les autres êtres.

Il accusait les *institutions* plus que les *individus*.

Quoique né dans la classe des Aristocrates, il aimait et proclamait l'*Égalité*.

Dans un ouvrage intitulé *Fondation et distribution des richesses*, il disait :

« C'est par le travail de ceux qui les premiers ont *labouré* des champs et les ont *enclos* pour s'en assurer la récolte que toutes les terres ont cessé d'être *communes à tous* et que les *propriétés* foncières se sont établies... Plusieurs causes établirent naturellement de l'*inégalité* entre ces propriétés.... Chacun cependant cultivait pour soi, et personne n'aurait voulu cultiver pour un autre.... Mais des hommes *violents* ont alors imaginé d'en réduire d'autres en *esclavage* et de les forcer à cultiver pour eux : cet esclavage est une *violation* de tous les droits de l'Humanité, une coutume *abominable* quoique universelle, un *horrible brigandage*. »

Écrivant la vie de Turgot, *Condorcet* disait :

« Dans l'opinion de Turgot, la Nature ne permet à l'homme de s'approprier que ce qui *lui est nécessaire sans être nécessaire à un autre :* mais pourtant les lois, faites au gré du *plus fort*, ont consacré le DESPOTISME *des riches sur les pauvres ;* partout elles ont créé l'INÉGALITÉ *des fortunes,* qui plonge une petite partie des citoyens dans la *corruption.*

et condamne le reste à l'avilissement et à la *misère*... Supposons ces lois remplacées par celles que la *Nature* et la *Raison* nous indiquent : les fortunes seraient divisées avec *plus d'égalité*, les plus pauvres ne gémiraient plus dans la dépendance des *riches commerçants* et des *fabricants privilégiés;* on ne verrait plus ces *fortunes de finances et de banque*, source de luxe et de corruption ; les propriétés seraient tellement divisées que tous ou presque *tous les citoyens* seraient propriétaires et électeurs : c'est-à-dire il y aurait une Constitution *républicaine, la meilleure* et la plus rationnelle de toutes les Constitutions; tandis que, sans droit électoral pour tous, il n'y a qu'une *Aristocratie* plus ou moins *vicieuse.* »

Devenu ministre, Turgot veut appliquer et réaliser ses principes et ses idées comme Philosophe.

Il entreprend de réformer les abus et opère en effet une foule de réformes.

Pour mieux répandre les lumières, il veut établir une nouvelle *langue*.

Pour mieux assurer la liberté de la presse, il travaille lui-même à l'invention d'une *presse à domicile*.

Sincèrement et passionnément ami du Peuple, il s'occupe sans cesse d'améliorer son sort et d'assurer son bonheur : en 20 mois, il supprime les priviléges et les monopoles en indemnisant les possesseurs; il supprime 23 impôts qui pesaient sur le Peuple, notamment la *corvée*, et projette d'en supprimer beaucoup d'autres, notamment la *gabelle;* il assure l'abondance et le bon marché des aliments du pauvre ; il crée l'*École de médecine* et achète beaucoup de remèdes utiles pour les publier; il fonde beaucoup d'établissements et de manufactures ; il appelle les savants et en envoie beaucoup en pays étranger.

Il veut détruire *l'extrême inégalité des fortunes;* empêcher les fortunes immenses, les gains excessifs, la corruption des mœurs; répandre partout l'*aisance* avec le travail, et fonder la *félicité* publique et individuelle sur l'*éducation*.

Mais la principale des Réformes méditées par Turgot,
celle qui devait enfanter toutes les autres, c'est la réorga-
nisation de toute la France en *Municipalités*, Cantons et
Provinces, et en *Représentations* municipales, cantonales,
provinciales, et nationale.

Dans un Mémoire qui mérite d'être immortel, il propose
au Roi de reconnaître les *droits* des hommes, de *réformer*
les lois, de faire une *Constitution*, et d'introduire ensuite
toutes les *améliorations* de concert avec les Représentants
de la Nation, des Provinces, des Cantons et des Municipalités.

« La première et la plus importante de toutes les institutions, dit-il, la plus propre à immortaliser votre règne,
c'est l'*Éducation*, l'instruction MORALE ET SOCIALE donnée
A TOUS, avec des livres adoptés au *concours* et une *école
dans chaque paroisse...* Si V. M. agrée ce plan, j'ose lui ré-
pondre que dans DIX ANS la Nation ne sera PAS RECONNAIS-
SABLE, et que, par les lumières, les mœurs et le patrio-
tisme, elle sera infiniment *au-dessus de tous les Peuples*
passés et présents.

« Il faut des *villages* à peu près *égaux* en territoire, ayant
chacun une *assemblée;* mais pour éviter le trop grand nombre et la corruption, *les propriétaires* fonciers feront seuls
partie de cette assemblée, dans laquelle chacun aura un
nombre de voix *proportionné* à sa fortune.

« Il faudra ensuite remplacer *tous les impôts* et les *octrois*
par un impôt unique, l'impôt foncier proportionnel sur
toutes les terres, même sur celles de la noblesse et du clergé,
jusqu'à ce qu'on puisse supprimer aussi cet impôt.

« Au bout de quelques années, V. M. aurait un Peuple
neuf et le premier des Peuples. Votre royaume aurait *décuplé*
ses forces; il s'embellirait chaque jour comme un fertile
jardin; l'Europe vous regarderait avec admiration et res-
pect; et votre Peuple, ce Peuple si *aimant*, aurait pour vous
une *adoration* sentie. »

Les Conservateurs traiteront-ils de *roman* et d'*utopie* ces
projets d'un Ministre? « Mais, dit *Dupont de Nemours* dans
« un mémoire sur Turgot, c'est un *résultat* auquel il serait
« certainement arrivé et dont la réalisation me faisait pleu-
« rer d'espérance et de joie. »

Que nos Ministres et nos Députés de 1845 sont pâles et arriérés à côté de ce Ministre de 1774!

Quelle différence entre ce Turgot et ce professeur de morale et d'histoire (Guizot) qui écrivait : « C'est l'esprit du « temps de DÉPLORER *la condition du Peuple;* mais on dit « vrai et il est impossible de voir sans une compassion pro- « fonde *tant de créatures humaines* SI MISÉRABLES; cela est « douloureux, très-douloureux à voir, très-douloureux à « penser; et cependant il faut y penser, y penser beaucoup; « car à l'oublier, il y a tort grave et grave péril, » — et qui, devenu premier Ministre, oublie ses paroles pour ne plus s'occuper qu'à faire des Bastilles!

Quelle différence encore entre ce Turgot et ce premier Ministre d'Angleterre (Sir Robert Peel) qui, quand on lui demande un remède à l'horrible misère du Peuple, répond :

« Je suis loin de nier qu'en Angleterre on rencontre une *grande misère* à côté d'une *grande opulence;* mais ce con- traste est *inséparable* de la civilisation; et j'ajoute que la tendance de la civilisation est *d'accroître continuellement cette disproportion.* »

Si nous ne voulons pas dire : *Honte aux Ministre d'au- jourd'hui,* du moins nous ne pouvons nous empêcher de nous écrier : *Gloire à Turgot!*

Aussi le Peuple d'alors le comblait de ses bénédictions, les Philosophes l'admiraient, et Voltaire mourant désirait baiser la main qui avait signé et proposé tant d'améliora- tions populaires.

Mais les Conservateurs se coalisent pour ridiculiser et perdre le Ministre réformateur, et Turgot succombe, en 1776, sous les intrigues de la Cour, et sous les attaques d'une quadruple alliance formée contre lui par la haute No- blesse, le haut Clergé, la haute finance et les Parlements.

La sagesse de Turgot aurait amené une heureuse Ré- forme; son renvoi va précipiter une Révolution!

LOUIS XVI.

Louis XVI est un des exemples les plus instructifs que puisse présenter l'Histoire : peu de Princes ont eu de meilleures qualités personnelles et plus de dispositions à faire le bien ; peu de Rois ont fait autant d'actes dignes d'éloges ; mais peu de Despotes ont fait autant de mal par l'entraînement des mauvaises institutions sociales et politiques. Et ces mauvaises institutions ne lui ont pas été moins funestes qu'à la France, puisque, né sur un trône absolu, il a péri sur un échafaud.

Petit-fils et successeur de Louis XV, on peut dire que celui-ci, par son immoralité, son libertinage, ses débauches, ses dilapidations, son despotisme, son lâche abandon de la Pologne, et par le mépris universel et la haine générale qu'il excite, lui a créé tant de difficultés qu'il lui a laissé pour héritage une *Révolution*. — Cet égoïste et lâche Louis XV le voyait clairement ; mais il poussait l'égoïsme jusqu'à dire : « *Après moi le déluge!* » C'est lui qui, en réalité, a tué d'avance son malheureux petit-fils...

Il paraît que le petit-fils voyait aussi la Révolution ; car on prétend qu'à la mort de son grand-père, qui lui ouvrait le trône, il s'écria : « Mon Dieu, quel malheur pour moi! »

Né en 1754 sous le titre de Duc de Berry, Louis XVI monte sur le trône en mai 1774, à l'âge de 20 ans, et meurt le 21 janvier 1793, âgé de 39 ans, après 19 ans de règne.

Il a deux frères, le Comte de Provence, qui deviendra Louis XVIII, et le Comte d'Artois qui deviendra Charles X.

Il épouse une Archi-Duchesse d'Autriche, *Marie-Antoinette ;* et cette alliance, qui le place sous l'influence du Cabinet autrichien et d'une femme altière, est une des causes de sa ruine.

Les fêtes de son mariage sont marquées par un désordre qui coûte la vie à un grand nombre de spectateurs.

Il a trois enfants, deux garçons et une fille, qui sera la *Duchesse d'Angoulême*, mourant en exil. — Le second fils, qui reçoit le titre de *Duc de Normandie*, mourra dans la prison du Temple. — L'aîné ne vivra pas au-delà de 1789. La Ville de Paris célèbre sa naissance par une fête magnifique à l'Hôtel-de-Ville, le 21 *janvier* 1782; et personne ne prévoit alors que, dans onze ans, le même jour, 21 *janvier*, le père, qui assiste à cette fête, tombera du trône pour monter à l'échafaud...

Louis XVI a des goûts simples, peu de besoins, et point de passions immorales ou ruineuses : ses plaisirs les plus vifs sont dans la serrurerie, dans la géographie et dans la chasse.

Il est économe et voudra l'économie dans l'État. — Il fait des concessions personnelles, et commence par renoncer au droit royal de *joyeux avénement*.

Il paraît qu'il a des sentiments humains et libéraux et qu'il veut satisfaire l'opinion publique; car il rappelle le Parlement exilé, accepte ou choisit des Ministres populaires, *Malesherbes* et *Turgot*.

Par leurs conseils, il opère d'abord un grand nombre de réformes qui lui méritent les bénédictions du Peuple.

Quel bonheur pour la France et pour Louis XVI s'il avait toujours suivi leurs avis !

Mais les Cours, inséparable cortége des Monarchies, sont des pestes qui corrompent les meilleurs Princes ; et dans celle de Louis XVI, à la tête de laquelle se trouvent la Reine et le Comte d'Artois, il n'y a, dit-il lui-même, que Turgot et lui qui aiment le Peuple. Cette Cour, essentiellement *conservatrice* des abus dont elle profite, ne veut aucune réforme. Elle ridiculise le Monarque comme le ministre et n'épargne aucune intrigue pour éloigner Turgot.

Malheureusement, Louis XVI est d'un caractère faible, irrésolu, sans confiance en lui-même ; et dans un Prince la faiblesse est souvent un fléau pire que la méchanceté, parce qu'elle le rend l'instrument d'une foule de méchants.

Malheureusement encore, sa mauvaise éducation princière l'a rempli de préjugés et d'erreurs : il se regarde comme Roi de droit divin, comme Monarque absolu, comme sou-

verain et comme maître des Français ses sujets, comme
obligé en conscience de conserver intact le pouvoir de ses
ancêtres pour le transmettre intact à ses successeurs.

Et moins de deux ans après, il renvoie Turgot, puis son
successeur, puis Necker (qui veut aussi des économies)
pour prendre *Calonne*, dévoué à la Cour et imposé par
elle. Désormais il ne sera plus que l'instrument de cette Cour.

Cependant, il aide les Colonies américaines à conquérir
leur indépendance; mais il les aide non dans l'intention
et dans le but de favoriser la liberté, mais pour humilier
l'Aristocratie anglaise qui, par vengeance, deviendra son
ennemie.

Le trésor se trouvant épuisé par les dilapidations de la
Cour et par les frais de la guerre, Louis XVI convoque les
Notables pour leur demander des secours; mais les notables refusent après une discussion qui révèle les dilapidations, les désordres et les abus.

Ne pouvant plus faire d'*emprunts* nouveaux, tant le cré-
dit est perdu, Louis XVI, toujours entraîné par la Cour,
crée arbitrairement de nouveaux *impôts;* mais le Parlement refuse de les enregistrer.

Le Roi force despotiquement l'enregistrement dans un
lit de justice : mais le Parlement proteste.

Louis XVI l'exile à Troyes : mais l'irritation publique le
force à le rappeler.

Il tente de nouveau l'emprunt et l'impôt : mais le Parlement refuse encore.

Il lance des lettres de cachet contre les deux membres du
Parlement les plus hardis, exile le Duc d'Orléans qui se
met à la tête de l'Opposition, tient un nouveau lit de justice, parle en sultan, casse le Parlement et le remplace par
une *Cour plénière :* mais le Parlement proteste dans une
auberge, et beaucoup de Parlements des provinces protes-
tent avec lui.

Il en exile huit : mais les émeutes, presque toujours ex-
citées ou encouragées et facilitées par les Parlements, écla-
tent contre la Cour et les Ministres, qu'on pend et brûle en
effigie ; les troupes refusent dans beaucoup d'endroits de
tirer sur le Peuple : et Louis XVI est forcé de convoquer les
États-Généraux en mai 1789, malgré la Cour qui s'oppose
à toute réforme.

Toujours faible, incertain, flottant au milieu des difficultés, entraîné maintenant par Necker et par l'opinion publique, il décide, encore malgré la Cour et les Notables as-
semblés une seconde fois, que le Tiers-État aura autant
de Députés que la Noblesse et le Clergé ensemble.

Dans quelques Provinces, la Noblesse et le Clergé pro-
testent contre la décision libérale du Roi; le Parlement de
Besançon rédige une protestation infiniment remarquable,
disant :

« Que les *droits féodaux* reposent sur une *possession de
plus de mille ans;* que les droits les plus sacrés, tous ceux
de la *propriété* entre les mains des citoyens, celui même de
la *succession au trône*, n'ont d'*autre fondement qu'une possession pareille...*; que toutes innovations sont dangereu-
ses....; que le Parlement ne peut approuver des prétentions qui tendent à *confondre tous les ordres* de citoyens et à dépouiller les uns sous prétexte de soulager les
autres...; que l'*inégalité dans la distribution des biens* est
dans les décrets de la Providence et dans la *nature de l'ordre social...*; et qu'une grande partie du Tiers-État ne sub-
siste et ne subsistera toujours qu'au *moyen des terres et des
propriétés de la Noblesse et du Clergé.* »

Voilà tout le système des Conservateurs d'alors comme
des Conservateurs d'aujourd'hui : aucune innovation, aucune réforme! D'après eux, si l'on a le droit de supprimer
la *féodalité*, on aura le droit de supprimer l'hérédité du
trône et la Propriété, car elles n'ont pas un autre fondement que la féodalité, et ce fondement n'est autre chose
qu'une longue *possession.* D'après eux, il faudrait conserver éternellement la distinction des ordres avec leurs priviléges, l'excessive *inégalité des biens*, l'excessive opulence
de la Noblesse et du Clergé et l'excessive misère du Peuple : mais la Révolution va balayer la féodalité et presque
tous les priviléges.

Le Parlement d'Aix proteste aussi contre la décision de
Louis XVI en faveur du Tiers-État, et déclare que les sys-
tèmes nouveaux tendent à établir l'*égalité de rangs et de
propriétés :* mais la Révolution va faire triompher ces sys-
tèmes nouveaux.

Enfin les États-généraux sont réunis le 5 mai, à Versailles, et les Ordres privilégiés exigent le vote séparé par Ordres, tandis que le Tiers-État réclame la réunion des trois Ordres en une seule Assemblée et le vote par têtes, en invoquant le principe de la *Fraternité*.

Entraîné par la Cour, effrayé par elle sur ses premières concessions, Louis XVI ordonne le vote par Ordres et fait fermer la salle pour tenir un nouveau lit de justice : mais le Tiers-État répond par le fameux serment du Jeu de paume.

Louis XVI renvoie *Necker*, le plus populaire de ses ministres, tient son lit de justice, le 22 juin, au milieu d'un redoutable appareil militaire, et casse les serments et les arrêtés du Tiers-État.

« C'est comme *père* commun de tous mes *sujets*, dit-il,
« c'est comme le défenseur des lois de *mon royaume*, que
« je viens *réprimer* les atteintes qui peuvent y avoir été
« portées. Je vous *ordonne* de vous rendre chacun dans *la
« chambre affectée à son ordre*. »

Voilà bien toutes les prétentions, tout l'ancien prestige, toute la puissance de la Royauté absolue.

Mais cette Royauté absolue est à l'instant vaincue; car, malgré l'exemple d'obéissance donné par la Noblesse et le Clergé, le Tiers-État désobéit et reste immobile; et c'est alors que Mirabeau, rompant un effrayant silence, prononce ces paroles plus effrayantes encore : « Quelle est
« donc cette *insultante dictature?* Qui vous commande
« ainsi? votre *mandataire!* »

Puis le Peuple envahissant la demeure royale pour demander le rappel du ministre renvoyé, la Cour ordonne aux Gardes françaises de faire feu : mais les gardes refusent, et *Necker* est rappelé.

Effrayé maintenant par l'énergique résistance du Tiers-État soutenu par le Peuple, Louis XVI ordonne secrètement à la Noblesse et au Clergé de se réunir pour voter par têtes, et consent à ce que les États-généraux se déclarent *Assemblée nationale*.

Cependant, entraîné de nouveau par la Cour, il se décide à tous les moyens de perfidie et de violence pour dis-

soudre l'Assemblée et maintenir le pouvoir absolu. On fait
arriver toutes les troupes, plus de 50,000 hommes ; on fait
armer la Bastille ; on prépare une nouvelle Saint-Barthé-
lemy ; et la veille on renvoie de nouveau *Necker* pour faire
paraître un ministère propre au massacre... Que de sang
va couler !... Mais la Bastille est prise !...

Louis XVI rappelle encore Necker, éloigne les troupes, se
rend de Versailles à l'Hôtel-de-Ville de Paris et y arbore la
nouvelle cocarde (tricolore) au milieu des applaudissements
populaires.

Puis, le 4 août, l'Assemblée nationale lui décerne le titre
de *Restaurateur de la liberté française.*

Qu'il serait heureux, qu'il éviterait de malheurs à la Nation comme à lui-même, s'il était ferme et sincère ?

Mais, toujours entraîné par la Cour, il adopte un système de dissimulation, d'hypocrisie, de mensonge, de ma-
chiavélisme, de corruption, de perfidie, de conspiration et
de trahison, en même temps que de violence, de guerre
civile et de guerre étrangère.

Quoiqu'il accepte les décrets de l'Assemblée nationale, il
conspire sans cesse en secret contre elle et contre eux.

D'abord, il prépare une première fuite à Metz, pour se
mettre à la tête de l'armée, et marcher ensuite sur Paris et
sur Versailles. — Mais la Révolution va le prendre à Versailles et l'amène à Paris avec l'Assemblée nationale.

Après avoir solennellement prêté serment à la Constitution, il ne travaille qu'à la détruire en se parjurant, proteste
secrètement entre les mains du Roi d'Espagne contre son
acceptation et son serment, approuve et favorise l'Émigration, appelle à son secours les Rois étrangers.

Un journal annonçant une nouvelle fuite, il fait démentir
officiellement cette annonce par son Ministre, et s'en plaint
comme d'un outrage, d'une calomnie et même d'une absur-
dité. — Cependant, peu de jours après, dans la nuit du 20
juin 1791, il s'enfuit, avec toute sa famille, pour Montmédy,
près de la frontière d'Allemagne, où le marquis de Bouillé
l'attend avec son armée. — Mais il est arrêté à Varennes et
ramené à Paris.

Prisonnier, suspendu, rétabli après le massacre des op-
posants au Champ-de-Mars, Louis XVI accepte et jure de
nouveau la Constitution revisée ; mais, toujours entraîné

par la Reine, par la Cour et par l'Émigration, qui veulent *tout ou rien*, il ne cesse pas de conspirer, de ruser, de tromper, de préparer sa fuite ou son enlèvement par un de ses généraux à la tête d'une armée.

Toujours incertain et faible, souvent effrayé, il parle quelquefois d'*abdication* : mais il se décide à provoquer la coalition des Rois et l'invasion étrangère.

Quand, pour l'avertir et l'intimider, le Peuple envahit son palais, le 20 juin 1792, il coiffe le bonnet rouge et boit bravement un verre de vin que lui présente un ouvrier; les applaudissements qui l'accueillent lui prouvent qu'il pourrait encore tout sauver avec de la franchise et de la sincérité : mais malheureusement il persiste à dissimuler et à appeler l'Étranger.

Les Girondins eux-mêmes l'accusent et demandent sa *déchéance*, lorsqu'on apprend la publication du *Manifeste de Brunswick*, le commencement de l'invasion et la marche des Prussiens sur Paris.

Tout se prépare alors, du côté de la Cour, pour la contre-révolution, et du côté du Peuple pour l'insurrection. Le 10 août, les Tuileries sont prises d'assaut, après un grand carnage des assiégeants et des assiégés; et Louis XVI, abandonné par la Garde nationale, réfugié dans l'Assemblée des Représentants, est d'abord *suspendu*, puis enfermé comme prisonnier au Temple avec la Reine et ses enfants.

Que de torrents de sang patriote couleraient en France, si l'Invasion et l'Émigration triomphaient !

Mais l'énergie patriotique et révolutionnaire prend pour devise : *Vaincre ou périr;* la Convention, réunie le 21 septembre, destitue Louis XVI en abolissant la Royauté, proclame la République, et décide qu'elle jugera le Roi déchu.

Puis, après de longs et solennels débats, Louis XVI est, à l'*unanimité*, déclaré coupable de *conspiration* et de *trahison*.

Puis, quand il s'agit de la peine, le Duc d'Orléans, son propre cousin, prononce ce vote remarquable :

« Uniquement occupé de mon devoir ; convaincu que tous
« ceux qui *ont attenté* ou *attenteront* par la suite à la sou-
« veraineté du Peuple, méritent la mort, je vote pour la
« mort. »

Les Girondins votent aussi pour la mort.

Et la Convention le condamne à la peine capitale.

Il est exécuté le 21 janvier 1793, sur la place Louis XV.
ou place de la Révolution, au milieu de la Garde nationale.

Il paraît que, jusqu'au dernier moment, il espère sa dé-
livrance; mais, forcé de renoncer à tout espoir, il se résigne enfin courageusement à son sort.

Ce sont la Royauté et la Cour qui l'ont perdu; ce sont la
Royauté et l'Aristocratie que la Convention entend frapper
en sa personne.

ÉMEUTE RÉVEILLON,

MASSACRE DES OUVRIERS.

L'hiver de 1789 avait été extraordinaire par sa rigueur et sa durée ; la misère était extrême ; point de travail, pas de pain ; la souffrance et l'irritation du Peuple étaient au comble ; chacun était impatient de voir assembler les États-Généraux interrompus depuis 1614, qui devaient apporter quelque remède à tant de maux.

Dans cette situation des esprits, les États-Généraux, convoqués pour le 27 avril, sont subitement ajournés, la veille au 5 mai, et l'on croit que c'est un ajournement indéfini : jugez du mécontentement universel, dans un moment où toute la France vient d'être mise en mouvement pour les *élections* et pour la rédaction des *cahiers*, quand 1,200 Députés viennent d'arriver à Paris, quand tout le monde met son unique espoir de salut dans les États-Généraux !

D'un autre côté, *Réveillon,* propriétaire d'une grosse manufacture de papiers peints, au faubourg Saint-Antoine, occupant 300 ouvriers, veut réduire à 15 sous leur salaire déjà insuffisant, et on l'accuse d'avoir tenu tout-à-l'heure, pendant l'élection et lors de la rédaction des cahiers, des propos méprisants, insultants et inhumains contre les malheureux travailleurs, en ajoutant que *du pain était trop bon pour eux.*

Éclate aussitôt, dans les faubourgs Saint–Antoine et Saint-Marceau, une émeute excitée par l'indignation seule, peut-être poussée et grossie par l'irritation politique, mais dont la Cour et Réveillon sont la première et la véritable cause.

L'émeute parcourt le faubourg Saint-Antoine, se rend sur la place de Grève avec un *manequin* portant ces mots : *Réveillon condamné à mort par jugement du Tiers-État.* Le manequin est pendu, puis brûlé.

Dispersée par la troupe, l'Émeute menace de se reformer et se convoque hautement pour le lendemain devant la manufacture.

Le 28, rien ne serait plus facile que d'empêcher l'Émeute et surtout de préserver la manufacture; mais il paraît que la Cour veut, d'une part, engager les soldats contre le Peuple, et d'autre part donner ce qu'on appelle *une leçon* aux Ouvriers : la Police laisse l'Émeute se former librement et envahir la manufacture.

C'est évidemment un *piége* que la prudence devrait éviter : mais les malheureux Ouvriers donnent dans le piége de la Police ; et quand ils sont bien occupés à briser les meubles, à dévaster la fabrique, à y mettre le feu, la force armée vient tout-à-coup envelopper la maison.

Depuis quelques jours, le Gouvernement appelait toutes ses troupes à Paris et dans les environs. Ce jour-là, il déploie le plus effrayant appareil militaire. Soldats et gendarmes, infanterie, cavalerie, artillerie, gardes-françaises, gardes-suisses, royal-cravate, sont lancés contre le faubourg Saint-Anto'ne ; les canons sont braqués contre lui... Et l'on va voir si le Ministère et la Cour reculent devant le massacre...

C'est en vain que les Ouvriers du dehors se servent de tout pour s'en faire des armes et pour se défendre; c'est en vain que les voisins jettent sur la troupe des meubles par les fenêtres et des pierres depuis les toits ; on fusille, on tue aux fenêtres et sur les toits. Puis, dans la manufacture, à coups de baïonnette ou de fusil, on tue tout ce qui s'y trouve, femmes, enfants, hommes, plus de CINQ CENTS personnes...!!! C'est une horrible boucherie...!

Et plusieurs prisonniers sont à l'instant jugés, condamnés et exécutés !

Vous devinez les cris du Peuple et du Parti populaire !

On accuse la Cour et le Gouvernement d'inhumanité, de barbarie, d'atrocité.

Et de son côté, la Cour accuse le Duc d'Orléans d'avoir soudoyé, organisé, excité l'émeute, la dévastation et l'incendie, en lui prodiguant toutes les épithètes les plus injurieuses.

Quel crime de la part du Duc d'Orléans s'il est coupable !

Quel crime de la part de la Police et du Gouvernement, de l'Aristocratie et de la Cour, s'ils emploient en même temps la calomnie contre le Prince et la cruauté contre le Peuple !

Que d'indulgence ne devrait-on pas toujours avoir pour les malheureux ouvriers, puisque c'est la haute Aristocratie qui s'accuse elle-même d'en faire ses instruments ou ses victimes !

Peu de jours avant et peu de jours après, deux autres émeutes, l'une contre M. de Lamoignon, l'autre contre le ministre de Brienne, sont écrasées de même pour donner des leçons, quand on pouvait aisément les prévenir.

Mais, si ces émeutes sont funestes au Peuple, à quoi tous ces malheurs servent-ils à l'Aristocratie ?

Moins de trois mois après, les mêmes Ouvriers du faubourg Saint-Antoine prendront d'assaut la Bastille, et les Gardes-Françaises, indignées d'être transformées en bouchers ou en bourreaux, entraînées par l'Opinion publique, amèneront leurs canons aux Ouvriers pour les aider à prendre la citadelle du Despotisme.

Trois ans après, le Peuple prendra le palais du Roi et sera maître de l'Aristocratie, des Ministres, de la Cour et du Monarque lui-même... !

SERMENT DU JEU DE PAUME.

Le Serment du Jeu de paume est la première des grandes scènes de la Révolution française, l'une des plus dignes d'admiration, l'une de celles qui ont eu le plus d'influence sur l'avenir.

Les États-Généraux s'ouvrent le 5 mai, à Versailles. — Dès le lendemain, la division commence avec la vérification des pouvoirs.

Trois Chambres ont été préparées, et les trois Ordres s'assemblent séparément.

Les 600 Députés du Tiers-État, 47 Députés de la Noblesse et 114 du Clergé, en tout 761, demandent la réunion, contre 188 Nobles et 133 Prêtres, en tout 321 privilégiés, qui demandent la séparation.

Si le Tiers-État cède, tout est perdu. Mais il décide qu'il ne cédera pas, qu'il invitera la Noblesse et le Clergé à se réunir, qu'il les attendra pendant quelques jours, et qu'ensuite il se déclarera *Représentation nationale* et agira sans eux comme avec eux.

Des *Commissaires* sont nommés par les trois Ordres pour former une *Conférence* et négocier.

Du 7 mai au 13 juin, pendant plus d'un mois, on négocie.

Et pendant ce temps la Cour menace, fait beaucoup d'actes capables d'effrayer, réunit des troupes, installe des Cours prévôtales.

Si le Peuple ne soutenait pas ses Représentants, si ceux-ci ne pouvaient pas avoir confiance dans le Peuple, tout serait encore perdu.

Mais l'Opinion publique se prononce énergiquement dans toute la France pour encourager ses défenseurs.

Les 13 et 14 juin, le Tiers-État procède enfin à la vérification de ses pouvoirs.

Quinze Députés du Clergé, notamment l'Abbé *Grégoire*, viennent se réunir au Tiers.

Les 15 et 16, le Tiers prend le titre d'*Assemblée nationale*.

Le 17, il se déclare *constitué*, choisit **Bailly** pour Président, et continue d'inviter les deux autres Ordres à la réunion.

Le 19, la Majorité du *Clergé* décide qu'elle ira, le 20, se réunir à l'Assemblée nationale.

Mais la Noblesse proteste et la Cour menace.

Et le 20 au matin, pour empêcher la réunion de la majorité du Clergé, le Roi fait brusquement fermer la salle, la fait environner de soldats, et fait repousser les Députés qui se présentent.

Si les Députés reculent, tout est fini.

Mais ils se retirent dans un bâtiment voisin, un *Jeu de Paume*.

Et là, remplis de courage et de dévouement patriotique, les 600 Députés du Tiers et les 15 Députés du Clergé, adoptent le serment suivant :

« Nous jurons de ne jamais nous séparer de l'Assemblée « nationale, et de nous réunir partout où les circonstances « l'exigeront, jusqu'à ce que la Constitution soit établie sur « des bases solides. »

Puis le Président, Bailly, monte sur une table et lit le serment, qu'il prête le premier.

Puis les 615 Députés, debout, les mains levées, électrisés par la grandeur, le péril et la sainteté de leur mission, bravant les menaces du Despotisme, répètent ce serment avec des transports d'enthousiasme.

Et la France entière est électrisée ; l'Opinion publique grandit en puissance ; chacun prend l'engagement du courage ; et le triomphe de la Révolution commence.

MIRABEAU.

Peu de personnages de la Révolution française présentent autant de leçons utiles que *Mirabeau*. La plupart des écrivains ne voient que son talent ; mais nous, nous signalerons ses vices avec plus de soin encore que ses qualités.

Riquetti (Honoré-Gabriel), comte de *Mirabeau*, est né en 1749, d'une famille noble de Provence.

Son père, l'un des écrivains les plus influents de la secte des *Économistes*, prenait le titre d'*Ami des hommes*.

Destiné à la carrière des armes, Mirabeau étudie jusqu'à 16 ans dans une École militaire.

A 17 ans, il s'engage comme soldat dans la cavalerie pour faire la campagne de Corse, s'y distingue par sa bravoure et se fait nommer capitaine.

Mais, son père refusant de lui acheter un brevet de colonel et un régiment, il abandonne la carrière militaire.

La nature l'a doué d'une constitution robuste, d'un tempérament ardent et passionné, d'une mémoire prodigieuse, d'une haute intelligence, d'une grande capacité et d'un caractère indomptable.

Maîtrisé par le besoin des jouissances matérielles, il ne connaît aucun frein quand il s'agit de satisfaire ses passions.

Il ruine sa femme, se brouille avec son père, écrit contre sa mère, enlève la femme d'un Président, fuit avec elle, est condamné à mort par contumace, se réfugie en Suisse, en Hollande, en Angleterre.

Son père obtient contre lui dix-sept lettres de cachet, le fait enfermer dans un grand nombre de prisons d'État et veut le faire déporter dans les colonies.

REVOLUTION FRANÇAISE.

Typ. Lacrampe et Comp.

Typ. Lacrampe et Comp.

Émeute Réveillon. — Massacre des Ouvriers.

Typ. Larrampe et Comp.

Nous jurons de ne jamais nous séparer de l'Assemblée nationale et de nous réunir partout où les circonstances l'exigeront, jusqu'à ce que la Constitution soit établie sur des bases solides.

Charge du prince de Lamsbec dans les Tuileries.

LOUIS XVI.

C'est comme le père commun de tous mes sujets, c'est comme le défenseur des lois de mon royaume, que je viens réprimer les atteintes qui peuvent y avoir été portées... Je vous ordonne de vous retirer tout de suite et de vous rendre chacun dans la chambre affectée à son Ordre

Appel aux armes, par Camille Desmoulins, au Palais-Royal.

Typ. Lacrampe et Comp.

Prise de la Bastille, le 14 juillet 1789.

Arrestation du ministre Foulou, accusé d'avoir dit : « Il faut faire manger du foin au Peuple. »

Typ. Lacrampe et Comp.

MIRABEAU.

C'est parce que le nom de *Peuple* n'est pas assez respecté en France, parce qu'il est prononcé avec mépris dans les Chambres de l'Aristocratie, que nous devons le relever, l'annoblir, le rendre respectable aux aristocrates et cher à tous les cœurs.

Allez dire à votre maître que nous sommes ici par la volonté du Peuple,
et que nous n'en sortirons que par la force des baïonnettes.

DANTON.

Périsse notre mémoire pourvu que la Patrie soit sauvée!

Typ. Lacrampe et Comp.

MARAT.

O mes concitoyens! si vous ne troublez pas la précieuse
harmonie qui règne dans l'Assemblée nationale, la Révolution
la plus salutaire se consomme irrévocablement sans qu'il en
coûte ni *sang* à la Nation ni *larmes* à l'Humanité.

MAXIMILIEN ROBESPIERRE.

Toute Révolution qui n'a pas pour but d'*améliorer profondément* le sort du Peuple n'est qu'un crime remplaçant un autre crime.

SAINT-JUST.

Ne souffrez pas qu'il y ait un *malheureux* ni un *pauvre* dans l'État : ce n'est qu'à ce prix que vous aurez fait une véritable *Révolution* et une véritable *République*.

Typ. Lacrampe et Comp.

Attaque des Tuileries, le 10 août 1792.

MARIE-ANTOINETTE.